LA POULE AU POT

OU

LE SECRET DE FINIR

LA

GUERRE SOCIALE

PAR

UN BOURGEOIS DES MANSARDES.

Liberté, Égalité, Fraternité.
Religion, Famille, Propriété.

2ᵉ ÉDITION.

Prix : 15 Centimes.

PARIS.

G. DAIRNVÆLL, ÉDITEUR, RUE DE SEINE, 11.
Et chez tous les Marchands de Nouveautés.

1849.

LA
POULE AU POT

OU

LE SECRET DE FINIR LA GUERRE SOCIALE,

AUX DIX MILLIONS D'ÉLECTEURS,

PAR UN BOURGEOIS DES MANSARDES.

Religion, Famille, Propriété.
Liberté, Égalité, Fraternité.

Prix : 15 Cent.

PARIS,

GEORGES DAIRNVÆLL, ÉDITEUR, RUE DE SEINE, 11.

Et chez tous les Marchands de Nouveautés.

1849.

LA POULE AU POT.

AVANT-PROPOS.

Un philosophe sans le savoir, écrivain par circonstance ou sentiment, non par métier, m'a fortuitement confié l'opuscule qu'on va lire. J'ai cru faire une œuvre utile en le publiant, ou plutôt en le confiant moi-même à un éditeur pour cela, d'autant plus qu'il renferme certaines vérités assez peu répandues, dont je désirerais vivement multiplier la semence: Les vérités qui ne portent pas de couleur à la mode ou de blason, ressemblent beaucoup aux filles vertueuses sans dot, même avenantes; elles trouvent encore volontiers des acquéreurs, des maris moins que jamais.

L'esprit vraiment libéral et conciliateur de ce morceau, je dirais socialiste et conservateur, si l'on n'avait dénaturé ces deux termes, répond surtout à mes principes et à mes sympathies.

Bien jeune encore, je saluai dans le tocsin révolutionnaire le signal de la future démocratie religieuse, résumée en trois mots sublimes, notre devise républicaine: LIBERTÉ, ÉGALITÉ, FRATERNITÉ. Plus tard, je formulais le ternaire qu'une vaste propagande arbore pour devise conservatrice : Religion, Famille, Pro-

(1) Avec la flèche où l'airain se balance,
Voyez-vous vers les cieux l'avenir qui s'élance?
Le monde maintenant ne croit plus au tambour,
Mais il croit à la voix qui parle dans la tour.
    Le Tocsin, Glaneuse lyonnaise, 1832.

priété (1). Jamais je n'écrivis ni n'écrirai une ligne en dehors de ces deux symboles. Comme le bourgeois des mansardes, je ne comprends pas qu'on les sépare après 89 et le 23 juin, et je pense que tout le mal vient de là, — puis de quatre choses : les intérêts égoïstes et les ambitions, l'ignorance et la misère : quatre plaies invétérées à guérir.

Douloureusement affligé de voir mon pays divisé, comme jadis la France monarchique et la République florentine, en orthodoxes et en excommuniés, en noirs et en blancs, j'appelle ardemment, avec tous les citoyens honnêtes, une solution pacifique, une situation moins affreusement rétrograde, car nous reculons jusqu'aux siècles barbares, et le souhait de la poule au pot paraîtra peut-être aujourd'hui, sinon une parole subversive, une utopie plus irréalisable qu'à l'époque de Henri IV.

Il y aurait bien des réflexions à présenter là-dessus ; je les réserve, et j'ajouterai seulement ceci : De ceux qui confondent les principes avec les personnes, les devises ou les paroles avec les actes, le n° IV avec le n° V, je ne suis pas, — ni le bourgeois non plus ; et l'auteur gardant l'anonyme, comme son mandataire, je déclare prendre sous ma responsabilité, par-devant les juges et le public, tout ce que contient son opuscule.

Sébastien RHÉAL.

---

(1) Le culte, la famille et la propriété,
Mystérieux triangle où gît l'humanité.
Chants nationaux et prophétiques, 1841.

LA
POULE AU POT

ou

LE SECRET DE FINIR LA GUERRE SOCIALE,

AUX DIX MILLIONS D'ÉLECTEURS.

Je veux que chaque paysan puisse mettre la poule au pot le dimanche! Ainsi disait feu Henri IV, le roi populaire, au brave métayer avec lequel il trinquait, attablé dans sa chaumine où il avait reçu asile, pendant que la pluie battait les arbres de Senars et que la chasse dévoyée, pour le rejoindre, courait les halliers et les ravins.

Cette parole, quoique vieille et d'un roi, contient sans ambage, figure ni métaphore, la clef de toute la science politique, le nœud de la question. C'est un roi qui l'a dite; mais j'estime la vérité bonne à prendre où elle se trouve. Il y a encore du bon chez les anciens, même chez les rois. Quant à y voir autre chose de ma part, une allusion royaliste pour la branche aînée ou cadette, Honni soit qui mal y pense, et me connaît si peu. Je n'ai jamais dîné chez les monarques plus que chez les présidents.

1849

Je veux que chaque paysan puisse mettre la poule au pot le dimanche ! Aujourd'hui nous dirions : Il faut que chaque *citoyen*. Et pour bien comprendre le sens de cette parole, qu'on se reporte au temps où le Béarnais la prononça. Le paysan sortait à peine du servage ; un pied attaché à la glèbe, il était pressuré par les dîmes, les gabelles, les exactions, les interdictions, sous péril d'amende et de la vie, sans compter la corvée, la taille et autres charges ou dépendances. Moitié libre, il commençait à semer et recueillir en qualité de fermier, mais pour le compte du seigneur et du fisc, le gros seigneur. Le produit le plus net de son labour s'en allait en fumées, et l'hiver ne lui fournissait pas toujours des fagots.

Le paysan, c'était l'homme du travail voué à la misère, à l'ignorance et à la servitude. Voilà de quoi l'inappréciable parole voulait l'affranchir. Oh ! la magnifique nouvelle, la joyeuse annonce.

Je veux que chaque paysan puisse mettre la poule au pot ! Cela signifie aujourd'hui : Il faut que chaque citoyen, le paysan comme l'ouvrier, l'imprimeur comme le forgeron, le statuaire comme le mouleur, le chimiste comme le manœuvre, l'artisan comme le bourgeois, l'orphelin comme la veuve, le violoniste comme la cardeuse. Et le bon Henri adopta depuis lors sa parole au métayer comme sa maxime favorite. Le peuple, qui s'y connaît, l'a traduite en proverbe par son fameux dicton : Il faut que tout le monde vive. — Bien entendu, en travaillant et vivant avec honnêteté.

La belle parole ! vraiment plus j'y songe et plus je le répète ; les petits et les gros livres n'en apprennent pas davantage : elle contient sans figure, ambage ni métaphore, la clef de la science politique, le nœud de la question, sinon toute la question.

Et la preuve, c'est qu'à l'avènement de Louis XVI, un quidam ayant écrit en gros caractère, au bas de la statue équestre du Henri IV placé sur le pont-Neuf, le mot joyeux de Pâques, *resurrexit*, il est ressuscité ! — un inconnu attacha au-dessous le lendemain sur un écriteau le distique suivant :

> Resurrexit. — J'approuve fort ce mot ;
> Mais pour y croire il faut la Poule au pot.

Un autre satirique, un fils de Voltaire, compléta la pensée en publiant le quatrain narquois où riait déjà la révolution, et semblait se résumer la vieille guerre entretenue par les pamphlets ménipéens, les mazarinades et toute la presse réformiste :

> Enfin la poule au pot sera donc bientôt mise...
>   On doit du moins le présumer,
> Car depuis deux cents ans qu'on nous l'avait promise,
>   On n'a cessé de la plumer.

On l'a tant plumée qu'à la fin .. La royauté s'en est allée beaucoup, je vous l'affirme, pour n'avoir pas tenu la parole du Béarnais..., parole de gascon..., parole imprudente ; car elle avait engagé la royauté vis-à-vis le peuple. Diable de Henri IV. Il sentait le fagot, — il était huguenot, — quasi-socialiste.

Et la République ? la première, j'entends : elle a proclamé les droits de l'homme ; mais elle n'a pas non plus réalisé le dicton populaire, quoique plusieurs n'y aient pas mal plumé la poule aussi, — ni l'empire napoléonien, quoique les Russes et les Autrichiens aient souvent payé de quoi la faire cuire, — ni la restauration, nonobstant le milliard des émigrés. La royauté constitutionnelle nous a donné à son tour la meilleure des Républiques, avec un budget d'un milliard et demi, mais non la poule au pot. Les mauvaises langues prétendent que le monarque la mangeait en famille avec son monde. Enfin la deuxième République est venue, affichant sous trente-six variantes la fameuse parole... La girouette en tournant a fait tourner l'écriteau. Cela s'est borné comme sous Henri IV à des repas de circonstance, à une poignée de main dans la ferme en chevauchant après la chasse.

Je veux que chaque paysan puisse mettre la poule au pot! Songez bien que le bon roi avait dit : *La poule*, non pas une poule, — la poule de la maison, la poule acquise par le travail, élevée par la famille, non une poule de hasard, octroyée en don gratuit, ou prêtée à gros intérêts, ou achetée à un cours exorbitant. La, — je respecte trop la parole royale pour y rien changer. — La, ici, équivaut à sa ; c'était dans le vrai sens du Béarnais. Le paysan deviendra *propriétaire* en travaillant, propriétaire libre de son travail, de ses instruments et de son produit. Comme le gascon, je maintiens le principe de la propriété ; il a du bon.

Pas n'est besoin, par contre, d'avoir chacun, sous prétexte d'égalité ou de capacité, le haut rang, du superflu, centuple salaire, un luxe ébouriffant selon ses fantaisies, trente-six poules dans son pot, trente-six pots dans sa cuisine, — des pots d'argile, de cuivre, d'or, de zinc, d'étain, d'argent, de fer, de jaspe, de faïence, d'albâtre, de porcelaine, etc. — Ni de mettre sa poule à toutes les sauces, à tous les ragoûts, suivant la méthode culinaire de la science *passionnelle*. La poule au pot, avait dit simplement Henri IV, non la poule rôtie, à la daube, au cresson, à la fricassée, aux pois, à la sautée, aux champignons, la poule galande, à l'étuvée, au riz, aux oignons, aux salsifis, etc., etc., etc. Laissons les raffinements pour les blasés, pour les intempérants, pour les oisifs. Ils diminueront comme le choléra et les autres pestes avec le progrès moral et sanitaire.

Boire et manger pour bien vivre, non vivre pour bien manger et bien boire. La sobriété entretient le travail, le travail la santé, la santé l'intelligence. Trop manger abrutit, trop boire enivre, et chaque tempérament a sa dose. Qui, pour trop primer, envier ou briller, s'enfle trop, crève comme la grenouille, et en voulant devenir dieu, l'on tombe au-dessous de la bête. J'ai vu des fileuses très-gentilles, en cornettes, se rendre ridicules en s'attiffant hors de leur état, et des demoiselles, affollées par les romans d'un idéal de Bacchus indien, trop heureuses de rencontrer un campagnard veuf qui les épouse. Les trois quarts, éduqués par la plus fine méthode, n'iront jamais ferme au-delà d'une pinte de vin et de la règle de trois. Mais tel qui connaît à peine ses quatre règles, en sait plus que le docteur diplômé qui croit avoir découvert la quadrature du cercle; car l'un connaît sa mesure et son métier, ses droits et ses devoirs; l'autre ne les connaît pas. Toute la science est là. Ceux qui prêchent le contraire s'adirent. Contentez-vous donc de la poule au pot.

Si chaque citoyen seulement pouvait y en mettre une chaque dimanche! — Ceci suppose des économies sur le produit de la semaine, un salaire honnête, une certaine petite aisance : — m'est avis qu'il y aurait eu moins de révolutions, de rois et de consuls en voyage. Les agitateurs fortuits souleveraient moins d'échos, fussent-ils huchés sur un piédestal ou au pilori, chose d'ailleurs caduque et peu chrétienne. —La poule au pot. Ah! ni le dimanche ni la semaine, beaucoup de bourgeois ne l'ont aujourd'hui, je vous l'assure, beaucoup d'entre ceux qu'on appelle maîtres, ou dont la pensée alimente le travail des fabriques et des mécaniques. Quand l'ouvrier a reçu sa modique paie pour la stéréotypie de leur œuvre, eux, ils ne sont payés ni le jour ni le lendemain, et non plus quelquefois le patron, je parle de ceux dont on reconnaît l'œuvre méritoire et utile, dont le public se l'appropriera sans indemnité vingt ans après leur mort. Beaucoup qui avaient hier la poule au pot, ne l'ont plus, et n'ont pas même une miette. Sous la soie comme sous la toile, sous l'habit comme sous la blouse, s'il y a malheureusement beaucoup de vices, il y a aussi bien des larmes, bien des vertus dévouées, bien des douleurs muettes. Les harangueurs ne parlent jamais que d'une classe, et point de cela. Comme Henri IV, je veux, moi, la poule au pot et la liberté pour tout le monde, même pour le paysan.

La poule au pot, comprenez-vous? Pour en mettre une chaque dimanche, il faut avoir un poulailler ; le poulailler vous rapporte, en outre, des œufs par douzaines pour le printemps et l'automne : on n'a pas un poulailler sans une cour plantée d'arbres fruitiers et un petit champ. Oncques ne coûte d'y caser auprès quelques lapins, un porc et une vache, avec des pigeons dans le colombier. Le rapport dépasse les frais ; pas d'ambition, rien qu'une vache et un champ pour nourrir son monde et ses bêtes. On y entretient une culture productive et variée, vinicole, potagère ou céréale, selon le lieu et la saison ; puis l'on troque avec le voisin ses récoltes contre les siennes, et dans les années abondantes, on vend le surplus à la ville. L'ordre, l'économie et la Providence aidant, on peut modestement vivre, supporter les traverses inséparables de l'existence, et grâce aux institutions paternelles de l'État, bien élever sa famille, comme la poule ses poussins.

Car la poule, c'est le symbole de la famille.

Où la famille a-t-elle un type plus vivant que l'agreste couveuse couvant ses nourrissons dans leurs coques blanches, et après l'éclosion, les protégeant contre tout mal, leur enseignant la nourriture, leur babillant sa ritournelle infatigable. Dieu me pardonne ! j'éprouve remords et pitié de voir tuer les bêtes innocentes. Ainsi l'a voulu la Providence, notre présidente. — Les animaux domestiques nourrissent l'homme, et l'homme nourrit les vers. Il y a sans doute là-dessous des lois qu'on découvrira plus tard. Ne philosophons pas au delà de notre science, et chassons les idées vagues, les idées noires...

Je veux que chaque paysan puisse mettre la poule au pot ! Oui, la poule au pot, tout uniment, tout modestement. Cela produit un bouillon très-sain, substantiel et parfumé. Si la famille est nombreuse, on la choisit grosse : on y joint plus de bœuf, des légumes ou du riz, un morceau de lard qui ne nuit pas, certes, au bouillon et fournit un bon accessoire. Variétés et fruits, le reste à l'avenant, y compris la part nécessaire de l'invité, de l'hôte imprévu ou du voyageur. Dans la saison féconde, pendant que l'on dîne, on entend les colombes roucouler, bruire les eaux et les feuilles, grogner le porc, tinter la cloche, et ces bruits réjouissent le repas. Ensuite les enfants vont jouer dans la cour et le champ, ou sur la colline prochaine; les vocations, signes sacrés, se développent avec les organes, et les chastes amours se nouent sous la charmille pour s'unir à l'autel. L'été, s'il pleut, ou dans les longs soirs d'hiver, on s'assemble en cercle pour deviser, et, comme il faut alimenter l'esprit autant que le corps, on lit à haute voix, tantôt une histoire émouvante des fastes nationaux, tantôt quelque sublime leçon antique ou pittoresque aventure des découvreurs du moyen âge, tantôt une parabole du livre divin où il est écrit : bien heureux ceux qui pleurent, — car ils seront consolés. — Notez bien que nous sommes au dimanche, le jour du repos, le jour de l'âme, le jour du Seigneur. Et quand on a mangé une poule au pot devant la luxuriante nature, quoi qu'on en dise, on comprend mieux les belles choses qu'à jeûn. Cela vaut bien des harangues ou des sermons.

Car la poule, c'est encore un symbole de foi.

En voyant sa petite famille, et cette triple merveille mystérieuse, la poule éclose de l'œuf, l'œuf éclos de la poule, le soleil vivifiant nourricier de l'un et de l'autre, ne songe-t-on pas involontairement au père invisible qui fait éclore et vivre les germes et les créatures, l'homme et les mondes, qui revêt le soleil d'une lumière fécondante, comme les poussins d'un duvet soyeux. Parmi les hommes seuls, plusieurs manquent de vêtements. Rien que d'y penser nâvre. La misère rend les meilleurs haineux. Job le juste a maudit et blasphêmé sur son fumier. La misère imprime une tache à l'homme, à la société, aux étoiles, au soleil; elle trouble l'harmonie de la création. Voilà ce que voulait abolir Henri IV.

Car la poule au pot signifie aussi la liberté, l'égalité, la fraternité! La rédemption de l'homme sur la terre, comme l'Évangile, la rédemption de l'homme dans l'autre vie.

Oh! oui! le bonheur, acquis par le travail ou par de bonnes œuvres, rend sympathique aux merveilles de l'univers, à toutes les créatures, et pieux envers le créateur. Quand on a mangé la poule au pot dans son logis inviolable et hospitalier, l'âme se rassérène, on vaque à ses affaires et à ses travaux; les mauvaises envies ne prennent pas racine. On n'est pas tenté de se lever, des balles et de la poudre dans les poches, au premier son du tocsin, à moins toutefois qu'il ne crie : Au feu! ou qu'il n'appelle au secours d'une autre nation, agonisante sous des maîtres cruels. Car plutôt que devenir égoïste, insensible au malheur de ses frères et aux sentiments patriotiques, mieux vaudrait écraser la poule dans l'œuf. Le Béarnais, certes, entendait autrement sa

parole au métayer, lui, l'hôte protecteur des maures
fugitifs, le soutien de l'émancipation allemande.

Vive Henri IV, qui voulait que toute le monde vive !
Oh ! la belle parole, — parole d'espérance.

Je sais bien que s'il l'avait dite, il ne l'avait pas in-
ventée, car des rois et des philosophes païens avaient
exprimé la même idée en d'autres termes (au temps pri-
mitif les rois étaient philosophes), et pas plus qu'eux,
il ne l'avait établie en pratique comme il convien-
drait, sans quoi nous ne serions pas dans le pétrin.
Mais, vu la difficulté de la chose, l'avoir dite pour son
époque, c'est presqu'autant que la réaliser pour la nô-
tre, et il s'en occupait activement selon l'heure, proté-
geait les réformes au dedans et au dehors, et peut-
être le coup de poignard qui le frappa... Suffit. L'assas-
sinat est un exécrable argument... A y regarder de près,
je l'avoue, ses galanteries un peu vertes, ses profusions
exorbitantes, et certains édits sur la chasse sentent ter-
riblement son droit ultrà-divin. Et son siége de la
capitale?... Tous les rois populaires ont un petit siége
d'amour. Bonaparte a eu son saint-Roch. Quel homme,
gouvernant ou gouverné, n'a ses défauts ?..

Pas moins vrai qu'Henri IV promulgua l'édit de Nantes,
premier décret de la liberté de conscience, et qu'il fai-
sait passer des vivres aux parisiens assiégés, pour adou-
cir la famine. Je connais bien des grands généraux qui
ne lui ont pas emprunté cette idée-là, et cette *manière
d'en finir* beaucoup plus décisive que la tactique nopo-
léonienne, les machines à contre-barricades et autres
moyens analogues essayés ou proposés. Pas moins vrai

qu'en un temps de sauvages guerres intestines , il avait pris pour devise : pacifier par la clémence , — *mihi plebis amor !* à moi l'amour du peuple. — L'ordre par la justice et le progrès. — Pas moins vrai que, nonobstant la misère, il avait dégrévé *la taille* et remis les impôts arriérés aux pauvres gens , tout en équilibrant le budget grévé par 800 millions de dettes , et développé le commerce tout en réfrénant les tyrannies exactrices des propriétaires nobiliers et des agents royaux. Quand les braves bourgeois parisiens criaient : vive la liberté Française! en amassant des pavés contre la faction monacale espagnole, ils criaient : vive le roi Henri IV ! vive l'enfant de Jeanne ! vive le proscrit de la Saint-Barthélemy !

Pas moins vrai que , bien avant l'abbé de Saint-Pierre et Fourrier, il avait voulu fonder la paix universelle , et, qui plus est, par un grand pacte européen, la première République chrétienne. — Oui, la République universelle , — une république fédérale, où il y aurait eu des rois comme dans la démocratie de Lacédémone, mais enfin une république, avec la solidarité pour lien, des arbitres , au lieu de diplomates et de canons , pour arranger les différends. — Hein ! qu'en pensez-vous? le Béarnais républicain de la veille, ou plutôt de l'avant-veille. Pas moins vrai encore qu'il avait, par maints décrets, rogné les ongles à l'usure, tout en défendant la propriété comme vous et moi, abaissé le taux du numéraire afin de le *populariser* avec son effigie gravée dessus, le taux des intérêts hypothécaires afin d'*élever* celui du travail et de soulager les agriculteurs, ses chers amis.

— Peste ! peste ! — A ouïr nos programmes et voir nos faits et gestes, nous ne sommes pas encore des merveilles en civilisation , ni nos politiques des Minos.

Et le Colbert de Henri IV, le ministre Sully disait : « il n'y a rien, de vrai, de si précieux et si doux que la liberté , qui , sans doute peut être colloquée au plus haut rang de tous les heurs des mortels (étant du même genre des souverains biens que la religion) comme la servitude est le pire de tous les maux , en tant que nous sommes naiz à l'honneur. Mais tel crie liberté... liberté ! qui ne sait ce que c'est. La liberté n'est autre chose qu'une légitime puissance que chacun a de disposer du sien à son plaisir, ce qui ne peut être sans sûreté, ni la sûreté sans l'autorité publique. » Ah ! il faut lire dans les maximes royales comme les deux législateurs comprenaient l'autorité, sacerdoce responsable, qu'on ne cèle plus avec la vieille formule : « *tel est notre bon plaisir !* » m'est avis que notre jeune République, compensation faite , ne serait pas fâchée de trouver des présidents et des ministres qui... pas d'irrévérence... qui nous donnent la poule au pot.

Ainsi l'entendait le roi chasseur , comme je vous l'ai montré, — car il disait encore : — « Beaucoup de nos grands seigneurs se regarderaient deshonorés s'ils s'inquiétaient de la valeur d'un teston (1) (n'en reste pas lourd de ces grands seigneurs), moi, je voudrais savoir ce que pèse une pite (2), afin d'alléger son poids aux pauvres

(1) Monnaie d'argent où était gravée la tête de Louis XII.
(2) La plus petite monnaie de l'époque.

gens, et qu'ils n'en eussent que chacun leur charge! »
Et son juron familier de Ventre-saint-gris signifiait :
Le monarque, le président ou le génie qui se fait peuple, s'agrandit. — Dans le même sens, l'Evangile
porte : « Qui se fait humble s'élève! » Toutes ces maximes sont écrites dans la poule au pot avec la liberté, l'é-
galité, la fraternité.—Vraiment, quoiqu'il ne fût pas bre-
veté docteur ès-sciences, la rhétorique de Sully avait rai-
son. Notez qu'à propos de l'éducation des vers à soie pour
propager leur industrie en France, il avait conclu à la né-
cessité de l'échange des produits entre les peuples, d'où l'on
arrive à un système général d'échange. Sans la légitime
possession et *disposition* du *sien*, autrement sans la propriété, point de liberté ni d'égalité ; sans la liberté, point de
propriété ni de moralité. Sans la moralité, ou la connais-
sance du bien et du mal, c'est-à-dire l'instruction, point de
vraie liberté. En vain on criera : Liberté! ou on l'affichera
sur les murailles. Qui dépend du caprice d'un homme,
où de l'ignorance ou de la faim, n'est pas libre. Un citoyen libre ne dépend que de son travail et de son con-
trat, de la loi,—de l'humaine et de la divine. Sans la loi,
sans la souveraineté de la loi, ni liberté, ni moralité,
ni propriété, ni égalité. La loi étant donc l'unique sou-
veraine inviolable, *vox populi, vox dei!* la constituer
bonne devient le point principal, et choisir en consé-
quence avec soin ses représentants,—les plus aptes à or-
ganiser pour tous la liberté normale et l'instruction gra-
tuite nécessaire, à implanter solidement dans le légis-
latif et dans l'exécutif, les belles maximes citées par tant
de harangues, et annoncées par tant de feuilles volan-

tes. Le suffrage universel, c'est de droit avec la poule au pot.

Mon bourgeois, me demanderez vous,....

Les paysans des villes, des ateliers, des mansardes, en un mot les ouvriers et les bourgeois pauvres, comment pourront-ils posséder un champ, élever des poules, jouir des biens champêtres ? Ventre-saint-gris ! que chacun possède un équivalent analogue suivant ses besoins ou son état, c'est-à-dire, je vous l'ai marqué plus haut, son salaire ou son bénéfice légitime, la propriété libre de son travail, de ses produits et de ses instruments, soit une valeur égale et le crédit réciproque, sous les communes garanties et charges sociales. — Puis les salubres conditions hygiéniques nécessaires à l'âme comme au corps : l'air pur, de l'eau, des arbres, l'aspect du ciel, la faculté de lire ou se promener parfois le soir, d'aller le dimanche et les fêtes respirer les agrestes parfums, et il aura la poule au pot. — Que faut-il donc faire pour l'obtenir avec, sans, ou malgré le gouvernement ?
— Vous m'en demandez trop, mes chers amis, pour le quart-d'heure, quoiqu'en république et en souveraineté électorale. Obscur et ignorant, non révélateur et prophète, simplement fort de cœur, je ne saurais que chercher avec les studieux. Seriez-vous décidés à m'écouter ?... Première condition : il faut vouloir ; vouloir la justice et le bien ; les mutuels sacrifices raisonnables, vouloir s'entendre honnêtement, sincèrement ; ne plus former deux camps dans le pays, vingt sectes dans chaque camp. Mais hélas... l'union sincère vous paraît aussi difficile à trouver que la poule au pot. C'est le problème insoluble

de la poule et de l'œuf, et la parabole du bon riche qui veut se convertir.

La parole du Béarnais , je vous le répète , renferme pourtant la clé de toute la science politique, le nœud de la question. La hache révolutionnaire et les bûchers royaux n'y ont rien changé. Les propagandes antago- nistes et les coups de fusil n'y feront rien. Au contraire, mes amis. — Religion , propriété , famille ! — Liberté , égalité, fraternité ! ces deux ternaires indivisibles qu'on sépare en aveugle, je l'affirme, la poule au pot les con- tient dans son problème, comme le nombre neuf contient trois triades. On ne le résoudra point , tant que com- battront la science et la charité, le pouvoir et la liberté. — A quoi sert de prêcher ?

> Ventre affamé n'a pas d'oreilles :
> Ventre trop plein devient pourceau,
> Entre les deux la raison veille ;
> C'est toujours vrai, sinon nouveau.

Plus d'un mal-content murmure, comme avant 1789, le sarcastique refrain que suivent trop souvent les balles :

> Enfin la Poule au pot sera donc bientôt mise,
> On doit du moins le présumer,
> Car depuis deux cents ans qu'on nous l'avait promise,
> On n'a cessé de la plumer.

La Constituante, certes, a édifié la constitution ; mais elle a oublié la poule au pot. Je souhaite à la Législa- tive, pour s'immortaliser, de résoudre le problème, et je lui propose de le mettre à l'ordre du jour sans désem- parer jusqu'à sa complète solution. Seulement pour l'avoir cherché avec un amour persévérant, pour en avoir dénoué quelques nœuds, elle serait bénie entre toutes les assemblées. Que les 10 millions d'électeurs lui adressent une pétition dans ce but avec cette devise : Plus de guerre civile !—Qu'elle l'adopte, et à la place des vuivres, des aigles, des vautours, des léopards et autres vieilles méchantes bêtes héraldiques, on gravera sur sa médaille une poule au pot, entourée par les emblèmes religieux des arts, de l'agriculture et du commerce. Quel magnifique blason républicain !

Et quand se réalisera, sur les débris de la sainte alliance des monarques rouges et des dernières féodalités, avec la paix universelle, la grande République vraiment chrétienne, rêvée par Henri IV et toutes les âmes aimantes, chacun aura sa poule au pot, non-seulement en France, mais dans toute l'Europe, mais par toute la terre. Ceci est écrit, je vous le déclare, dans le livre providentiel. Pour l'avancer, il faut que nous devenions meilleurs les uns et les autres, moins idolâtrés du matériel, du chimérique et autres fétiches. Il faut que les plus honnêtes, les mieux intentionnés de chaque parti, ou de généreux intermédiaires s'entendent pour établir chez nous des arbitres légaux, juges et conciliateurs dans les querelles intestines, en attendant l'alliance des États, afin qu'il n'y ait plus ni saint Barthélemy, ni Ravaillacs, ni septembrisades, ni échafaud, ni guerre civile. Voilà mon vœu. Je l'adresse à tous mes concitoyens.

Un Bourgeois des mansardes.

Imp. Lacrampe et comp., rue Damiette.

EN VENTE CHEZ LE MÊME ÉDITEUR :

Les Violons de M. Louis Bonaparte, in-18, 20 cent. — **Une Vérité démocratique**, question sociale, in-8°. 15 c. — *Sous presse :* **Croquis parlementaires et contemporains**, par Satan ; 50 liv. à 10 c. pour les souscripteurs ; 15 c.. liv. séparée. — Un croquis complet

La 1ʳᵉ livraison paraîtra le 25.

Chez MOREAU, libraire, au Palais-National :

Œuvres de Dante, trad. nouv. avec prolég. et notes par Sébastien Rhéal ; 3 vol. grand in-8°. illustrés par Flaxman, 30 fr. (Édition presque épuisée.) *Prochainement,* 2ᵉ *partie :*

Le Monde Dantesque, historique et monumental, encyclopédie du moyen-âge, 3 volumes.

On trouve chez Fournier, administr., r. du Bouloi, 24, le programme de **la France intellectuelle**, nouveau Moniteur national et européen, spécialement consacré au mouvement scientifique, littéraire et industriel de Paris, de la province et de l'Europe. Envoi sur demande.